ÁNGELA LEIVA

Si yo puedo – Tú puedes

ÁNGELA LEIVA
Conocida de cariño, "Ángelita"

Copyright © 2,018
Speak Performance International, LLC
SUGARCANE PUBLISHING

All Rights Reserved

ISBN- 978-0-9996121-1-8
ISBN-10: 0-9996121-1-5

CONTENIDO

Prólogo 5

Introducción 7

Mi niñez 9

Ollas rotas, cinchos y látigos 14

Enfrentamiento 19

Río Copinolapa 22

Mi vestidito verde 25

Mi Tía Tula 29

Mi juventud 32

Guerra 38

Brujería 43

La ruta hacia Estados Unidos 47

Mi primer trabajo 53

Mi primer embarazo 62

Mi Cruz 68

Conflictos 72

Mi decisión 76

Mi primer negocio 83

El socio 95

    Recomendaciones 102

    Agradecimientos 104

PRÓLOGO

De vez en cuando, un mensaje poderoso llega a nuestras vidas. Estas palabras inspiradoras nos ayudan a creer, que, aunque los tiempos sean difíciles, tenemos la capacidad de encontrar solución a nuestros problemas. Te invito a leer este poderoso mensaje. Presta mucha atención a cómo te sientes mientras lees cada oración. Podrás encontrar un sentimiento inspirador que talvez no has experimentado en tu vida últimamente.

Cuando conocí a la autora, después de escuchar su historia, ya había desarrollado un gran respeto por esta gran señora. Este libro te inspirará. Este libro incrementará tu esperanza para un mejor futuro. Este libro te hará sonreír. Este libro te ayudara a apreciar aún más aquellos a tu alrededor.

Esta gran historia inculcará en ti la importancia de la perseverancia y como hacer tu vida brillar, aunque te encuentres a veces en la obscuridad. La gran historia que a continuación leerás es un tesoro compartido por su autora. Es tan importante que cuando tuve la oportunidad de asistirle con la publicación de su libro fue un honor para poder ayudarle hacer su sueño realidad.

Personalmente, sé la importancia de los libros. Y, sé que tan importante es ser autor de tu propio libro, siendo yo autor de 5 en esta etapa de mi vida a los 26 años de edad. Cuando conocí a Doña Ángelita su presencia me trajo un sentimiento de seguridad, sabiduría, y amistad. Ella muy amable conversó conmigo brevemente. Compartió unos consejos muy positivos y rápidamente me di cuenta que no solo sentí que era sabia, sino que lo era. Casi nadie le llega a su nivel de perseverancia. Su persistencia es admirable. Una gran mujer que comparte esperanza, te ayuda a crecer, y es humilde, es una líder en mi opinión.

Si tu sientes que este libro te inspiró, compártelo para que otros también puedan beneficiarse de este poderoso mensaje y sus palabras llenas de esperanza cuando ellos pueda que se encuentren en momentos obscuros en su vida.

Saludos,

~Ovidilio D. Vasquez

Author y Conferencista

INTRODUCCIÓN

Hola, te saluda tu amiga Ángela Leiva, gracias por darte la oportunidad de leer mi libro acerca de mi historia. En este libro, compartiré detalles de mi vida como una mujer que empezó de la nada y gracias a Dios alcanzó lo que se propuso. Compartiré contigo acerca de mi vida cuando era más joven en El Salvador. Conocerás la historia de mi travesía hacia Estados Unidos. Podrás imaginarte de dónde vengo y como fue el proceso de mi crecimiento personal y profesional.

Te invito a leer mi historia, a aprender de ella, y a compartirla con todos aquellos que tienen un sueño y lo quieren hacer realidad. A pesar que no sé leer o escribir, este libro es un sueño que siempre había tenido y como mis otras metas, también alcancé esta. Quiero compartir contigo un mensaje que, basado en mis creencias y experiencias personales, es positivo y empoderas a las personas como tú, a salir adelante. Vivimos en un mundo lleno de desafíos. A veces estamos rodeados de personas que nos hunden en el vacío, aun cuando sentimos que ya tocamos fondo. Por eso, competiré contigo en este libro, como yo pude superarme ante toda adversidad.

Así es mi estimado lector, te agradezco e invito a recorrer mi camino por medio de este libro que tiene el potencial de mostrarte la clave para hacer tus propios sueños realidad.

Sinceramente,

~Ángela Leiva

ÁNGELA LEIVA

Si yo puedo –Tú puedes

MI NIÑEZ

Mi nombre es Ángela Leiva y, a pesar de que tal vez no nos conoceremos personalmente, me gustaría utilizar esta manera mágica para compartir contigo parte de mi historia. Tal vez no se trate de una historia elegante con hermosos vestidos ó alguna aventura llena de caballeros y princesas, pero es mi historia, y en cada etapa tiene una lección; la mía nace con mi primer llanto el 24 de Septiembre de 1,959.

Nací en una familia humilde y de escasos recursos, en un pueblito conocido como Las cabañas en San Salvador. Debido a que mis padres no tenían el dinero suficiente, ni podían ir al hospital que se encontraba muy alejado del rancho de nuestros patrones, nací con la ayuda de una Comadrona llamada Herminia.

Por costumbres antiguas mi nombre debió ser Mercedes en honor al día de la Santa del mismo nombre, pero mi madre desplazó las tradiciones, negándose a darme el mismo nombre de mi tía debido a que no se encontraban en buenas relaciones. Por esa razón mi nombre terminó siendo Ángela.

Ángela significa "mensajera de Dios". Pienso que, para ser mensajero de Dios, tienes que ser una persona de acciones y reflejar lo que dices y crees; me gusta pensar que soy así.

Soy la más pequeña de una familia de doce. nueve hermanos; Jesús, Manuel, Francisco, Dora Alicia, Julia Ester, Rosa Elvira y Adilia aún me acompañan en vida, mientras que mis hermanos Luis Alonzo y José

Dolores acompañan a mis padres Don Carlos Leiva y Doña Rosalina en otro plano espiritual… Que en paz descansen sus restos.

Mi madre Rosalina era de carácter fuerte. Siempre se le veía muy seria y, cuando se enojaba con nosotros, no dudaba en darnos unas panqueadas hasta dejarnos marcados. Aún me pregunto por qué vivía tan molesta con todo.

Yo recuerdo a mi padre, Don Carlos, como un señor muy noble y comprensivo. Su manera de criarnos fue estricta pero justa. Fue un padre muy cariñoso, pero el alcohol giraba su conducta, convirtiéndolo en otro más de la lista de hombres que maltrataban a las mujeres.

A medida que crecía, continuaba conociendo otras facetas de mi padre. Cuando mi madre se encontraba muy ocupada criándonos y en los quehaceres del hogar, se contrataba a otras mujeres para cumplir con las labores de cocina, limpieza y servidumbre. Más de una vez se oía decir que ellas no solo ayudaban en las labores, sino que también caían en las galanterías de mi padre. Mi madre también escuchaba todos esos rumores y, no sé si no los creía o simplemente los ignoraba.

Todo cambió la vez que mis hermanos gemelos decidieron pedir comida a llantos. Por alguna razón, mi mamá no estaba produciendo leche suficiente para alimentarlos a los dos. Mi madre empezó a llamar a la muchacha para que le ayudara, pero como no aparecía, se levantó a preparar atole para alimentar a los gemelos.

Nunca había visto a mi madre tan furiosa como aquella vez. Al mirar a mi padre y la muchacha en el tapanco de la casa, se regresó y tomó una escoba. Sin ningún aviso, ni contemplación, empezó a azotarlos a escobazos con todas sus fuerzas.

- "¡Animales! ¡Sinvergüenzas!"- gritaba mi madre sin dejar de golpearles con el palo de la escoba.

Más nunca vi a la muchacha que nos ayudaba, de hecho, ahora que recuerdo, era mi prima… Mi madre la odiaba tanto que ni siquiera la consideraba sobrina. Supongo que eso también quedó en mi subconsciente.

Mi padre tuvo otra hija antes de casarse con mi mamá: Dominga.

Dominga fue de las pocos que tuvo la oportunidad de ir a escuela junto con Elvira. Ella nos guardó mucho cariño, incluso a mi madre a pesar de no ser su hija. Este amor, siempre le fue correspondido por todos nosotros, incluso mi madre que la quería como a una hija más. A veces el amor es más fuerte que la sangre.

Mi hermana Dominga también murió, pero siempre la recordaré y le agradeceré toda la ayuda que nos brindó cuando cuatro hermanos y yo decidimos aventurarnos a ir a Estados Unidos… Pero esa es otra historia que te contaré más tarde.

OLLA ROTAS, CINCHOS Y LÁTIGOS

OLLAS ROTAS, CINCHOS Y LÁTIGOS

Mi niñez se protegió de la lluvia entre pequeños ladrillos de arcilla y barro. Nuestra casa de adobe era muy humilde. Consistía en un solo espacio sin divisiones de habitaciones ni un baño. Entre sus cuatro paredes cada uno de nosotros convivía. De día trabajábamos, y de noche nos encontrábamos nuevamente en nuestra casita de barro donde poníamos en el suelo nuestra cama hecha de pita y un petate sobre ella para suavizar el suelo y mantenernos calientes.

Cuando llovía, se podían ver los chorros de agua resbalando por las paredes y muchos hilos de agua bajando por los agujeros del techo. De noche, nos iluminábamos con candiles porque no contábamos con energía eléctrica. Había momentos en los que debíamos parar la noche a oscuras porque no teníamos dinero para ir al pueblo a comprar el gas.

Nuestra fuente de entretenimiento era un pequeño radio que nos mantenía a todos unidos cuando empezaba la novela "Chucho el Roto". Se podían ver sus lados chamuscados por el fuego ya que, para que funcionara la teníamos que mantener al calor del fuego.

Todas las mañanas, nos levantábamos temprano para iniciar nuestras labores. Las mujeres nos encargábamos de los quehaceres del hogar, mientras los hombres salían a trabajar al campo. Diariamente nuestros padres nos asignaban las tareas que teníamos que realizar durante el día: barrer, alimentar a los pollos y a los perros y a todos los animales que tuviéramos, buscar leña después del almuerzo para hacer el fuego del día siguiente.

Dos ó tres de nosotros salíamos para volver con un tercio de leña amarrado a un pedazo de pita, algunos cántaros de barro llenos de agua limpia de un pozo pachito que estaba a unos quince minutos de nuestra casa y allí, mi papá construyo una pila de cemento donde lavábamos el maíz para las tortillas. Al llegar a casa triturábamos el maíz con una piedra hasta formar una masa con la que hacíamos las tortillas y ayudaba a mi madre a hacer el desayuno que comúnmente consistía en frijoles cocidos, queso y tortillas.

Cuando mi mamá hacia frijoles los colocaba en una sartén de barro y los freía con manteca. Yo era tan feliz cuando sentía el olor a frijoles fritos de mi madre. Aún intento hacerlos, pero no logro dar con el toque perfecto que mi madre les daba. Incluso compre una sartén de barro para ver si allí estaba el secreto, pero supongo que la magia estaba en las manos de mi madre.

Además de alimentarnos a nosotros, teníamos que hacer el desayuno de los seis trabajadores que sembraban milpas, frijolares y otras siembras así que, después de ayudar a mi madre con el desayuno para los trabajadores, lo ponía en una olla de barro y me iba al campo a repartir la comida. El camino que tenía que recorrer de tierra irregular, y con el peso de la olla, a veces se me hacía difícil caminar.

Recuerdo que, en algún momento, dejé a los trabajadores sin desayuno después de haber tirado la olla de barro al suelo al tropezarme con una roca, perdiendo toda la comida que habíamos preparado arduamente.

Aún me veo en memorias borrosas regresando a casa con las rodillas raspadas. Al llegar al campo donde trabajaban los mozos y mi papa le conté lo que me había pasado en el camino:

- "Fíjate papa que se me quebró la olla y regué la comida" – le contaba a mi padre con inocencia.

Tocado por mi sinceridad, mi papá me respondía con tranquilidad:

- "No te preocupes mija aunque sea quesito y tortillas comemos" -. Me dijo.

La escena era muy diferente con mi madre ya que, al regresar a la casa con mis rodillas ensangrentadas a confesarle mi accidente, mi mamá buscaba en seguida un bejuquillo (especie de látigo para pegarle al ganado y caballos) y me daba una buena penqueada, dejándome bien marcadas las piernas y la cara llena de lágrimas de dolor.

La misma historia llegó a ocurrir cuando rompía algún cántaro cuando buscaba agua del pozo, y de castigo tenía que lavar el maíz para hacer la masa y, además, preparar el almuerzo para los trabajadores.

- "Tienes que buscar donde echar el almuerzo porque ya me quebraste mi olla" - rezongaba mi madre mientras yo me dedicaba a preparar la comida.

A pesar de los fuertes golpes de mi madre, yo nunca le huía, de hecho, yo le alcanzaba el cincho o el látigo con el que nos pegaba y me hincaba para recibir el castigo. Mis hermanos, sin embargo, le tenían pavor a mi madre cuando tenía el látigo en la mano.

Ya de grande le llegué a preguntar a mi mamá por qué nos pegaba tanto.

- "Todavía me quedaste a deber unos"- me respondió con una sonrisa pícara.

ENFRENTAMIENTO

ENFRENTAMIENTO

Algunas veces cuando las gallinas ponían huevos, tomábamos tres y los freíamos con un poco de frijoles. De allí comíamos los diez hermanos y mis padres.

Recuerdo un día en el que estuve muy atenta de la gallina, esperando que pusiera sus huevos para poder comer. Lamentablemente puso solo un huevo, sin embargo, lo tomé con rapidez y lo cociné para llevárselo a mis papas al campo, y así pudieran almorzar, pero mi hermana Elvira lo quería para a sus hijos. Me dijo:

- "Ese huevo es para mis hijos"- Me gritaba con mucha rabia.

- "Pues te fregaste porque este huevo es para mis papas"- respondí resueltamente.

De un momento a otro Elvira se arrojó sobre mí, y yo tomé un leño y le pegué un primer golpe, terminando la discusión en el acto.

Más tarde, al anochecer, Elvira me acusó con mis padres.

- "Fíjese que Ángelita me pegó" - Dijo Elvira molesta.

- "¿Por qué?" – Preguntó mi papá sabiendo ya la respuesta porque yo ya les había contado lo ocurrido.

Luego de una serie de inventos sin sentido, mis padres le dijeron que sabían lo que había ocurrido y se pusieron de mi lado en la discusión. Elvira estuvo molesta conmigo por mucho tiempo. Ahora que lo veo con mayor madurez, entiendo sus razones, pero supongo que cuando se es joven el cerebro no tiene mucha experiencia para ponerse en la posición del otro.

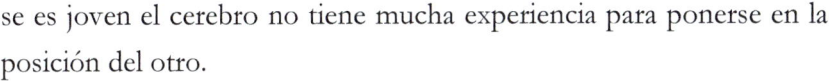

Otros días, cuando llovía y el río crecía, mis hermanos tomaban una red y se iban a pescar.

Llegaban a casa con algunos pescados en la red. En seguida los limpiábamos y freíamos con manteca. Esos eran los momentos que mejor comíamos. Había domingos en los que mis papas iban al pueblo y los esperábamos ansiosamente para comer el pescado con ellos.

Los únicos días que comíamos carne, era cuando mi mamá iba a casa de la patrona a trabajarle a los mozos, cosiéndoles la ropa, haciendo vestidos o alguna otra labor. La patrona, que era muy amable con mi madre, a veces, nos daba un poco de carne que le sobrara de alguna vaca que mataban para comer.

RÍO COPINOLAPA

RÍO COPINOLAPA

Mi niñez fue muy dura ya que, desde muy pequeña me dediqué al trabajo duro, tanto que nunca tuve la oportunidad de poder ir a una escuela y estudiar para prepararme, así que nunca aprendí a leer y a escribir.

Sin embargo, siempre fui muy ingeniosa. A veces solía ir a recoger los frijoles que quedaban tirados después que los cosechaban, los juntaba y los vendía. El dinero que reunía lo usaba para tomarme fotos.

- "¡Sos bien tonta!" - me decía mi mamá al verme llegar contenta con las fotografías.

- "En lugar de gastarte el dinero comiendo o tomándote un refresco, te lo gastas en fotos" - me decía despectivamente. – "Y, además, ¿Para qué querés tanta foto?" – me seguía diciendo.

Yo ignoraba sus comentarios. Al final, yo me había esforzado para obtener el dinero y tenía el derecho de darme el placer de hacer algo que me fascinaba.

En mi infancia, tuve muy poco tiempo para jugar. Si no estaba haciendo los quehaceres en la casa, estaba preparando la comida para los trabajadores, si no estaba fuera repartiendo la comida. Cuando volvía a casa en la tarde, seguía ayudando a mi madre con cualquier otra tarea que aparecía, y así anochecía sin ningún tiempo para otra cosa diferente de trabajar. Además, no había muchas fuentes de diversión; no tenía juguetes ni otros niños que vivieran cerca para compartir, y mis hermanos siempre estaban ocupados trabajando, al igual que yo.

Sin embargo, en aquellos escasos momentos en los que no había nada que hacer, me iba a la parte de atrás de la casa a buscar las mazorcas de los elotes y convertirlas en figuritas. Esas figuras eran nuestros únicos juguetes, pero eran más que suficientes para hacer volar nuestra imaginación y distraernos de la cotidianidad. También usábamos las hojas de los arboles como billetes para jugar a que comprábamos en la tienda. Mis hermanos después de venir del campo y después de que cenaban jugaban futbol en el patio de la casa con una pelota improvisada, allí entre la tierra y el lodo.

Cuando tenía que lavar la ropa, íbamos a un rio llamado "Copinolapa". Allí nos reuníamos en grupos para lavar y aprovechábamos para bañarnos. El momento en el río era muy divertido; nadábamos, y jugábamos con la corriente. Lo molesto de las idas al río era llegar llenos de piojos, debido a que todos iban y lavaban la ropa mientras nosotros jugábamos en las aguas.

MI VESTIDITO VERDE

MI VESTIDITO VERDE

Una vez al mes nos íbamos a una iglesia que quedaba en el cantón El Carmen. Las misas era otra forma de distracción para nosotros. Las oraciones y cánticos me alegraban y me llenaban de fe. Me entristecía cuando, por falta de dinero no podíamos ir.

Mi hermano José Dolores solía invitarme a la misa y yo con mirada triste negaba con un movimiento de cabeza.

- "Yo tengo 25 centavos, yo te voy a dar 10 para vos y yo me quedo con quince centavos" - me decía, sacándome automáticamente una sonrisa.

Siempre asistía a la iglesia con el mismo vestidito viejo, hasta que una vez, mi hermana Elvira recibió unos cuantos de regalo por parte de sus patrones. Uno de ellos era un vestidito verde muy bonito. Mi hermana, al ver lo fascinada que estaba con él, me lo regaló. No me cansaba de usarlo, me lucía muy bien.

Para Elvira, el vestido se convirtió en una herramienta de chantaje ya que, cada vez que se molestaba conmigo, me lo arrebataba y me amenazaba con no regresármelo. Muchas veces lloré por ese vestido y, aún más, por la maldad de mi hermana. Su envidia se reflejaba en su manera cruel de tratarme. Ella decía que yo era la favorita por ser la menor... Tal vez eso era cierto, pero no justificaba su manera de tratarme.

Siempre en la familia hay rivalidades entre hermanos, y ella no era la única con la que tenía diferencias. Por ejemplo, uno de mis hermanos era muy egoísta y yo no tuve compatibilidad con él, en cambio, otro hermano era más amigable y sociable, como yo. Con él tuve una mejor relación.

A raíz de las constantes peleas por el vestidito verde, mi madre resolvió por buscar una solución.

- "Mija no llores más" - Me decía cada vez que me veía rezongando por el vestido.
- "Yo como pueda voy a ver cómo te compro un vestido".

Más que comprarlo, mi mamá me hizo un vestido hermoso con una tela que compró usando sus pocos ahorros. Era un vestido único y hecho para mí. Aún hoy lo recuerdo y sigo totalmente segura de que es el vestido más hermoso que he tenido, no solo por los colores y la tela, sino por el amor que le dio mi mamá para hacerme feliz.

Estrené mi nuevo vestido en una fiesta patronal llamada romería. A pesar de no tener zapatos nuevos con qué estrenar el vestido, me sentía hermosa y mis amigas no paraban de preguntarme por él. Yo orgullosamente les respondía: - ¡Pues mi mamá! -.

Mi abuelita Felicita era otra persona que nos hacía vestidos y joyas de fantasía. También ella nos cosía ropa interior a partir de la ropa vieja que ya no usábamos. Todas las prendas y vestidos eran hechos a mano ya que no tenía máquina de coser.

Para poder hacer las compras de ropa y comida, mi mamá engordaba cerdos para luego venderlos. Cada jueves íbamos al pueblo más cercano de San Isidro, a dos horas de la casa. Allí vendía el cerdo usaba el dinero para comprarnos ropa. A veces íbamos al pueblo a pedir fiado cebollas, dulces o cualquier otra cosa que necesitáramos a nombre de nuestros padres.

Solo decíamos:

- "Mire venimos de parte de Rosalina Cruz" - le mostrábamos la lista de lo que necesitábamos y después, cuando mi mamá vendía el cerdo o maíz les pagaba y así podía contar con ellos en otra ocasión de necesidad.

MI TÍA TULA

MI TÍA TULA

Cada jueves que regresábamos del pueblo, pasábamos a visitar a la Tía Tula una señora muy amable. Cuando regresábamos del pueblo, pasábamos a visitarla y ella, sabiendo que siempre llegábamos con hambre, nos daba de comer una tortillita con sal. Ella era una mujer muy humilde, sin embargo, siempre se preocupaba porque nosotros llegáramos a casa con algo en el estómago.

La Tía Tula también vivía en una humilde casita hecha de palos de bambú amarrados y los hoyos o aberturas que quedaban estaban rellenos con barro para evitar que le entrara el agua cuando llovía. El techo consistía en un montón de ramas verdes apiladas. Mi tía vivía con una de sus hijas y varios nietos que las otras le dejaron para cuidar, siendo prácticamente la madre de todos ellos. Mi tía dedicó su vida a sus hijas y nietos sola, ya que enviudó mucho tiempo atrás.

A pesar de que mi tía vivía un poco lejos de nuestra casa, nos visitaba con todo el grupo de criaturas detrás de ella. La tía Tula nos ayudaba mucho con las labores del hogar a cambio de maíz y frijoles que era lo que mis padres le daban como forma de pago. Así era como nuestra tía conseguía la comida para para alimentar a su gran familia.

--------------------------------o--------------------------------

Cerca de mi casa no había ni clínicas médicas ni hospitales, ni siquiera un doctor, así que la manera en que nos curábamos de las enfermedades era por medio de medicinas caseras. Si nos dolía la cabeza mi madre nos la frotaba con saliva y rezaba una dicho que aún recuerdo:

- "¡Dios y saliva, Dios y saliva, Dios y saliva!"- repetía mientras nos frotaba la cabeza. Era tanta la fe que ponía en sus oraciones que, de alguna forma, casi milagrosa, nos curaba.

Cuando nos daba diarrea nos daba a tomar un té de cogollos, para el mal de ojo nos untaban un huevo, y así mis papas buscaban en el campo lo que fuera necesario para curarnos. Solo en casos de emergencia nuestros padres nos llevaban al hospital del pueblo que quedaba a dos horas de casa.

La única medicina que teníamos en casa era de la naturaleza y la fe en Dios, que no nos dejó solos ni en los momentos más difíciles.

MI JUVENTUD

MI JUVENTUD

Durante mi adolescencia las cosas comenzaron a cambiar en mi entorno. A pesar de seguir trabajando y mantener las mismas rutinas diarias, sentía la soledad en el hogar debido a que mis hermanos ya se habían casado, quedando solamente en casa mi madre y yo.

A mis 14 años empecé a idear otras maneras de divertirme. Mi hermano José Dolores me llevaba a los bailes con el permiso de mi mamá. Lo que mi madre no sabía era que yo le pagaba a mi hermano para que accediera a llevarme. Generalmente, el trato se cerraba con unos cuantos cigarros a cambio de una noche de baile.

A media hora de mi casa vivía un muchacho que conocía por medio de mis padres. Su familia ayudaba a mi papa en el trabajo, y así fue como fuimos conociéndonos. Siempre que iba a casa, llevaba algún regalo para mis papas y otro especialmente para mí. Los regalos que me hacía eran detalles muy simples y aun así no sé cómo hacía para comprarme tantas cosas sin tener dinero.

Nuestro sitio de encuentro siempre fue el pozo. Él me esperaba hasta que yo llegara, siempre acompañada claro, ya que mi mamá no estaba de acuerdo con nuestros encuentros. Muchas veces me los prohibió, y me pegaba cuando descubría que la desobedecía.

Cuando cumplí mis quince años, mi mamá hizo una atolada de elote, y vinieron los mozos, familiares y amigos. Ese día también fue un mi enamorado que se llama Francisco a quien le decíamos Chico, que formaba parte de un grupo musical. Se notaba a leguas su interés en mí, así que, para enamorarme, llevó al grupo de música entero a mi fiesta para que tocaran toda la noche.

De joven fui muy enamoradiza y estuve rodeada de muchos pretendientes. Cuando iba a los bailes, me rodeaba de mis amigas y, para evitar que se dieran cuenta de mis varios romances, solía bailar con todos los que me pedían una pieza para que no hubiera sospechas; una canción para cada uno, y así lograba escaparme el problema en el que andaba metida por culpa de mi corazón enamoradizo.

Mi madre llegó al punto de convertirse en mi confidente, llegando a veces, a reprenderme más como una amiga que como una madre estricta.

- "Bruta, te van a arrastrar" - me decía a modo de regaño.

- "Ellos nunca se dan cuenta..." - Le respondía con una sonrisa pícara.

------------------------------o------------------------------

Pasaba el tiempo, yo seguía creciendo y a la edad de dieseis años estaba más interesada en hacer mi propio dinero, así que empecé a buscar trabajo.

Una amiga trabajaba en la ciudad con una señora y, como ella planeaba dejar el trabajo, me ofreció ser su reemplazo. El pago eran 40 colones, y yo dije que sí en seguida.

Estaba emocionada por mi primer trabajo, aunque para llegar a él, tenía que hacer un viaje de más de dos horas y media caminando al pueblo, y de allí, una hora y media más en autobús al Salvador. Recuerdo que solo llevaba una bolsita de plástico con mi ropa.

Al llegar a la casa, me presento a los dueños que en seguida me explicaron cuales iban hacer mis tareas. Básicamente tenía que encargarme de la limpieza de la casa, lavar ropa, hacer de comer, vestir al niño, llevarlo a la escuela y servir de niñera.

Todo el trabajo había sido sencillo. Cumplía con mi jornada de trabajo y hacía todas mis labores con mucha responsabilidad y dedicación. Pero siempre hay obstáculos que siempre se presentan en la vida, y éste trabajo no iba a ser la excepción.

Una vez yo estaba calentando leche para el niño, pero, al hervir, la espuma de la leche empezó a subir rápidamente. Mi reacción instantánea al ver lo que ocurría fue soplar la leche para evitar que siguiera subiendo y se derramara. Pude simplemente apagar el fuego o mover la olla, pero mi pensamiento solo me llevó a soplar la olla.

Mi patrona, al ver que soplaba la leche se enojó, me regaño y me pegó. Entre rabia y lágrimas le dije a mi patrona que renunciaba, prefería volver con mi mamá que seguro me necesitaba y era mejor que estar allí donde a lo mejor yo no le servía. Sin embargo, ella se disculpó conmigo y me pidió que me quedara. Su razón era que no tenía con quien dejar al niño cuando se iba a trabajar y que le costaba encontrar a alguien, así que yo la perdoné y seguí trabajando en la casa. A final, tampoco quería quedar en malos términos en mi primer trabajo y tampoco me gusta dejar malas relaciones con quienes me conocen.

Cada quince días se me permitía un descanso que aprovechaba para poder ir a visitar a mi mamá. Mis días de descanso eran de más trabajo porque, además de ser muy inquieta, cuando llegaba a casa veía que había tantas cosas por hacer, que no podía quedarme sin hacer nada. En cuanto llegaba a casa de mi mamá lo primero que hacía era tomar un cántaro y salía a buscar agua al pozo, traía leña, lavaba la ropa y seguir haciendo arreglos en el hogar.

Mi mamá se alegraba cuando yo iba a casa porque yo le ayudaba con las tareas y el que hacer.

Un tiempo después, me fui a trabajar con otros señores. En este nuevo trabajo la rutina era más estricta, por ejemplo, la comida se repetía a cada quince días. En este nuevo trabajo tuve que aprender a cocinar nuevos platos. También, en esta nueva casa, me tocaba cuidar a dos niños en vez de uno solo.

En esta nueva casa me sentía muy cómoda que en la anterior porque eran personas de buenos modales y muy respetuosos.

Ellos viajaban a Estados Unidos con frecuencia, y al regresar, traían regalos para todos. Una vez, me regalaron un vestido muy bonito que iba a utilizar como uniforme de trabajo que debía usar para un evento en un club. Este club se encontraba a orillas de la playa. Yo estuve encargada de los niños, jugaba con ellos mientras veía como pasaban meseros y nos llamaban a comer a la mesa. Yo fui tratada como parte de la familia, a diferencia de otros hogares donde tratan al servicio como algo invisible, dejándonos siempre a un lado. Estos señores eran muy diferentes, me trataron muy bien, sin ningún tipo de discriminación. Para todas las actividades en las que ellos participaban, me llevaban, bien sean fiestas de cumpleaños, eventos, etc. allí iba yo con ellos en el mismo carro de lujo. Me sentía como una princesa.

GUERRA

GUERRA

En el año de 1,980 estábamos en guerra. Los hombres se separaban entre guerrilleros y militares y lo único que se escuchaba hablar era de las causas y desastre que estaban quedando en el camino de esos tiempos tan violentos.

Una vez, un sobrino de mi papá la habló para pedirle que le diera alojamiento a su hijo.

- "Mire tío, fíjese que mi hijo corre peligro y quiero que se vaya para haya con usted a vivir un tiempito"- pidió mi primo.

Mi padre aceptó sin dudar y quedaron en encontrarse en San Isidro. Para el momento en que esto sucedió, mi papa estaba enfermo, sin embargo, fue al pueblo a caballo a buscar a su sobrino.

El muchacho nunca llegó… Mi padre tardó horas esperándolo y ya entrando el atardecer, regresó a casa. En el camino, mi papá se detuvo en una tienda a descansar y, como era domingo, la tienda estaba llena de borrachos, entre ellos, algunos amigos de mi papá. Un primo mío también estaba en la tienda, algo drogado al parecer.

- "¡Miren! tómense este trago" - Gritaba mi primo invitando a sus compañeros a seguir bebiendo.

- "¡Omar!" - llama mi papá a mi primo, captando su atención.
– "¿Por qué obligas a estos muchachos a beber si ellos no quieren?" -

- "¿Y a ti quien te metió?" – Respondió agresivamente Omar a mi padre que simplemente se preocupaba por él.

- "Mira"- dijo mi papá en tono entre amenaza y tratando de calmar a Omar. – "Yo nada más te estoy diciendo, no te enojes".

Un machetazo sin previo aviso fue en dirección a mi padre que dio con el hombro, haciendo un corte extremadamente profundo. Mi papá no respondió al ataque, no sé si era porque estaba desarmado o porque no quería atacar a su propio sobrino que, irónicamente lo había herido de una forma tan sanguinaria.

Como pudo, mi papa se fue hacia su caballo, seguido de mi primo que parecía haberse vuelto loco.

- "Si ya lo empezaste, acábalo" - Le gritaba mientras lo seguía, blandiendo el machete hacia todos lados, como alma poseída.

La gente que estaba en la calle y cerca de la tienda desapareció como por arte de magia. No dejo de pensar en lo cobardes que fueron todos los que vieron a tal monstruo atacar a mi padre y decidieron esconderse, dejándolo solo con ese hombre… lo que más me molesta es que seguramente, ellos si estaban armados y decidieron dejar a mi pobre padre solo.

Mi papá, al ver que Omar iba tras él, se bajó del caballo y recogió unas piedras para tirársela y así poder defenderse. Lamentablemente Omar fue más rápido… lanzó machetazos a mi padre hasta dejarlo en pedazos: le partió la cabeza y le abrió tantas heridas que mi padre no tuvo la posibilidad de sobrevivir.

Cuando todo esto ocurrió, yo estaba trabajando en San Salvador. Apenas me enteré, partí hacia mi casa, pero lamentablemente me tocó verlo en la caja justo antes de su entierro.

A Omar, nunca lo atraparon. Más tarde se le veía en la calle como un delincuente, matando y robando sin cesar.

Después del entierro y los rezos que hicimos para mi padre, regrese a trabajar a San Salvador. Continué trabajando en el mismo lugar hasta que decidí mudarme a Estados Unidos.

Írme se me hizo complicado. Por un lado, estaba mi novio quien me había pedido la mano en matrimonio recientemente y por el otro, mi hermanastra Dominga Leiva había llegado de Estados Unidos con otra oferta bastante interesante.

En cuanto a mi novio, me vi obligada a rechazar su propuesta debido a que mi mamá estaba sola y era mi responsabilidad cuidarla.

Respecto a Dominga, la situación ocurrió en uno de mis descansos del trabajo, cuando fui a mi casa a visitar a mi madre que, en ese entonces estaba en compañía de mi hermanastra.

Dominga había pasado por el pueblo a visitar a mi mamá y fue allí cuando me propuso ir a trabajar a los Estados Unidos. Esta situación aumentó mi conflicto de decidir si me casaba o me iba a Estados Unidos. Para decidir, le conté la situación a mi novio que se rehusó totalmente. Él quería casarse y vivir conmigo e irme, era para sentenciar esa opción.

- "Mira, yo tengo que ver lo mejor para mi mamá, tengo que ayudarle"- le dije decidida. – "Pero sabes que yo al llegar allá te voy a ayudar a que te vayas"

Con esa condición, mi novio accedió a que me fuera a Estados Unidos, sin embargo, más nunca nos volvimos a ver. Una vez llegué a mi nuevo país de residencia, me dediqué al trabajo y poco a poco me fui olvidando de él.

BRUJERÍA

BRUJERÍA

La historia de vida de cualquiera no está completa si no ha vivido alguna experiencia sobrenatural. Yo no soy la excepción. Esta historia que te contaré me pasó el día que mi sobrina consiguió la dirección de un brujo.

Mi sobrina estaba convencida que a su hermano le habían montado alguna brujería para hacerle daño.

- "Le hicieron un trabajo para matarlo"- me decía mi sobrina convencida de que eso era totalmente posible y lógico.

Por mi parte, nunca he creído en cuestiones de santería, pero como mi sobrina estaba tan afligida y convencida del peligro que corría mi sobrino por alguna brujería, decidí acompañarla y seguirle la corriente para que se tranquilizara.

Aún no encuentro manera de explicar cómo el brujo lo hizo, pero, apenas entré, me dijo: - "tu vienes por tu sobrino, pero por tu sobrino no tenés que preocuparte, la que tiene el problema eres tú".

Quedé congelada con la frase del brujo y lo único que salió de mi boca fue – "¿De verdad?".

- "¿Quieres una prueba?" – me respondió.

- "Sí- susurré".

Con una seña, me pidió que me sentara y me ofreció un vaso con un líquido claro.

- "Enjuágate con esta agua y escúpelo en este recipiente"- me dijo.

El recipiente era de vidrio transparente, lo cual me ayudó a ver que, al escupir el líquido, había cambiado de color. Ahora era un líquido amarillo muy parecido al color de una bebida que solía beber con mi novio.

- "Tu ahorita no tienes problemas con tu novio" - susurró en medio del silencio que se había generado por mi sorpresa,
- - "pero en el futuro, tu no vas a poder tener relaciones con tu esposo porque este hombre te hizo algo para que, si tú no fuiste feliz con él, que no seas feliz con otro hombre".

Mi memoria me llevó en el acto a mis encuentros con mi novio de El Salvador. Recordé lo insistente que estaba una vez que me ofreció un refresco que tenía exactamente ese mismo color. Luego de darme a beber el refresco quería forzarme a tener relaciones con él.

Aún estaba insegura de lo que había acabado de experimentar con el brujo. Mi religión siempre me enseñó que el poder más grande estaba en manos de Dios y no de cualquier brujo o persona que quisiera hacer magia ó cosas por el estilo.

Pero, en medio de mi confusión, el brujo seguía hablándome. -Mira, si quieres yo te puedo ayudar, pero te cobro $10,000.00 dólares por curarte-.

Como no tenía dinero para pagar semejante cifra no acepté la oferta y nos fuimos de allí, ya que, como había dicho el brujo, de mi sobrino no había que preocuparse. Al final me encomendé a mis creencias y le pedía a Dios que me cuidara.

Sin embargo, la idea de la brujería se había quedado en mi cabeza y, no sé si fue de tanto creerme lo que me dijo el brujo o si había algo de realidad en lo sucedido, pero, lo más curioso, es que con mi primer marido nunca fui feliz y cuando tuve a mi segundo esposo me detectaron unos tumores en la matriz y no pude tener relaciones con él, lo cual arruinó mi segunda relación también.

U.S.A.

LA RUTA HACIA ESTADOS UNIDOS

Antes de empezar con los planes de irme a Estados Unidos, regresé a trabajar a San Salvador. Aproveché el momento para agradecerles a mis patrones y contarles mis planes de irme a Estados Unidos.

- "¿Cómo te vas a ir?" – Me preguntaba mi patrona ansiosa, - "y ¿Quién te va llevar? ¿Cómo le vas hacer?" – lanzaba una pregunta tras otra, casi sin dejarme responder.

- "Mi hermana me va llevar"- le respondía cada vez que me dejaba hablar.

Mi patrona no estaba muy segura de mis planes de irme a Estados Unidos, pero, aun así, me deseó el mejor de los éxitos. Me despedí de mis patrones, dejando a los niños muy tristes por mi partida.

Mi segunda despedida fue en mi casa cuando le conté a mi mamá.

- "Mire mija allí vea usted, si se quiere casar yo la apoyo, si te quieres ir yo la apoyo, así que lo que usted decida" - Me dijo mi mamá sin dudar de mi criterio ni un segundo. Su voluntad y apoyo fueron la mejor manera de demostrarme su confianza y aprecio.

La tercera despedida fue de mi novio quien no quería que me fuera, pero la verdad es que, si yo decidía casarme con él, me esperaba una vida estancada de pobreza en el mismo pueblo y haciendo lo que toda mi vida había hecho. Yo estaba decidida a salir adelante y sabía que la mejor decisión era la que estaba tomando.

Ya habiéndome despedido de todos recogí un bolso pequeño de mano, y me fui a San Salvador para iniciar mi viaje. Desde San Salvador tomé un bus para Guatemala en compañía de mi hermana. En Guatemala nos separamos; ella tomó un vuelo hacia San Francisco mientras yo seguí mi ruta por tierra.

Estaba acompañada de dos niños y un señor que tenía un mapa de aquellos grandes que se doblaban. De allí nos guiábamos para saber cuál debía ser el siguiente bus que tendríamos que tomar.

El viaje estuvo lleno de obstáculos donde muchas veces tuvimos que pagar con los pocos dólares que teníamos para poder continuar el recorrido.

En una de esas paradas, un policía nos preguntó de dónde éramos. Ya nosotros estábamos prevenidos para esa pregunta.

- "Somos mexicanos" - respondimos. Sin embargo, nuestro acento nos delataba, así que resolví por ser sincera y decir mi nacionalidad real. Para mi suerte, mi sinceridad no trajo ningún problema y pudimos seguir con nuestro viaje.

Casi nunca paramos, no descansamos en hoteles y el viaje fue fluido hasta llegar a Tijuana.

Cuando llegamos a Tijuana, pasamos a descansar a un café. El señor que nos acompañaba llamó a mi hermana para que nos ayudara a encontrar un sitio para quedarnos a descansar. Dominga envió a unos señores que nos llevaron a un hotel.

La mañana siguiente, la señora dueña del hotel nos dijo que la cocinera tuvo una emergencia y necesitaba un reemplazo urgente para cocinar. Yo me ofrecí a ayudarla y en seguida fuimos a la tienda a comprar lo que necesitábamos.

Increíblemente estuvimos en el hotel por un mes, hasta que fueron a recogernos para seguir el camino, que requería de una porción a pie. Salimos a eso de las tres de la tarde del hotel y estuvimos escondidos hasta la una de la mañana, para empezar a caminar a esa misma hora. La ruta fue de cuatro horas, así que estuvimos caminando toda la madrugada hasta las cinco de la mañana.

En el trayecto conocimos otras personas, estando yo sola con trece hombres. De vez en cuando alguno me preguntaba quién era mi acompañante.

En algún un momento del trayecto, pasó un helicóptero. En seguida nos pusimos en cubierto para evitar ser vistos. El guía que nos traía me aparto de todos dejándome completamente solas. Dos de los hombres con los que viajaba del grupo (los más conversadores que conocí desde mi estadía en el hotel) empezaron a preguntarle a todos dónde estaba yo.

    - "Bueno, ¿Y dónde está la muchacha que venía con nosotros?" - preguntaban mirando a todas partes. – "¿Por qué no está con nosotros?".

El guía les pregunto:

    - "¿Y que es de ustedes la muchacha?".

- "¿Ella es mi cuñada?" – mintió uno de los dos hombres.

Yo, sin saber nada de lo que estaba ocurriendo, esperaba que pasara el helicóptero para continuar con el trayecto.

El guía llegó a donde estaba escondida y me preguntó: - ¡oye muchacha! ¿Qué es de ti el señor panzoncito?, porque él dice que es tu cuñado- suelta el hombre en una pregunta salida de la nada.

Yo sin saber nada de lo que habían hablado entre ellos decidí seguir la corriente:

- "Él es mi cuñado- le respondí".

- "¿Y cuantos años llevas de casada?" – siguió preguntando el guía con mirada sospechosa.

- "Nueve meses"- respondí en seguida soltando el primer número que salió de mi cabeza.

- "¡Muchacha, en plena luna de miel te viniste!" – exclamó el guía soltando una risotada.

Más tarde, mientras caminaba, me puse a pensar todo lo que había ocurrido minutos atrás. Algo se tramaba el guía, y ese muchacho que mintió sobre mí lo hizo para salvarme.

Luego de lo ocurrido, me mantuve más atenta. Iba rezando por todo el camino, encomendándome en las manos del señor y orando para que todo saliera bien.

Esa pequeña situación me puso a pensar en cuántas mujeres que cruzan el desierto sufren de violaciones, quedando a veces hasta embarazadas sin saber quién es el papa de la criaturita.

El hombre del mapa que viajó conmigo desde el principio, era un hombre muy tímido y callado. Aun así, me sentía protegida en su compañía, aunque a veces se alejaba y prefería caminar solo.

Luego de esa larga aventura, llegamos al fin a una casa en San Diego donde pudimos descansar. Yo dormí con el hombre del mapa y los niños, dormimos atravesados en la cama para que cupiéramos los 4, luego de un buen descanso, nos levantamos, nos bañamos y abordamos un carro que fue por nosotros para transportarnos hasta Los Ángeles.

Una vez en Los Ángeles, todos nos separamos tomando diferentes destinos. Luego de la despedida en Los Ángeles, perdí el contacto con todos los que viajé ese trayecto tan memorable en la historia de mi vida.

Por mi parte, yo iba a San Francisco, así que, luego de descansar una noche, emprendí nuevamente mi camino.

Una vez en San Francisco, me encontré con mi hermana. Mientras íbamos camino a casa, yo miraba fascinada los edificios, las calles, la gente, las tiendas… Todo esto era totalmente nuevo para mí.

Mi primer domingo en San Francisco, lo usé para ir a la iglesia y dar gracias a Dios por haber terminado el viaje sin ningún contratiempo catastrófico. En esa iglesia prometí ayudar a mi mamá y seguir siendo una buena persona en los retos que estuvieran por venir.

MI PRIMER TRABAJO

MI PRIMER TRABAJO

Estuve con mi hermana, su hija y su yerno por quince días. Para no molestar y ser de ayuda, me dediqué a la limpieza de la casa mientras ellos iban a trabajar. Durante la temporada que estuve con ellos, me ayudaron a comprar zapatos y ropa en una tienda de segunda mano. A pesar de que se trataba de ropa usada, se encontraba en muy buen estado.

Mientras estuve en casa de mi hermana, comía exageradamente. Me encantaba freír el jamón que ellos compraban y lo acompañaba con huevos y una torre de tortillas. Mi hermana se reía de la ansiedad que tenía por comer, agradezco que nunca se hubiera molestado por eso, porque, comí tanto que, durante esos quince días llegué a subir muchas libras. Luego de un tiempo, fui restaurando mi ritmo alimenticio hasta volver a comer moderadamente.

Mis días consistían en buscar trabajo, hacer las compras para la casa de mi hermana, lavar ropa, entre otras cosas, hasta que, al fin, me encontraron trabajo en una casa de 2 niveles donde vivía un matrimonio con cuatro hijos. El trabajo consistía en hacer todas las labores domésticas: lavaba, cuidaba y limpiaba a los niños, trapeaba, hacía de comer y cada semana, los señores me pagaban cincuenta dólares por mi trabajo.

La casa de mis patrones quedaba en Fremont Ca. Así que tenía que tomar el Bart desde San Francisco hasta Fremont. El Bart es un medio de transporte que comunica varias ciudades en el área de la bahía de San Francisco, es un tren eléctrico.

Una noche me perdí eran las 12 de la noche cuando iba en el tren (Bart) en dirección a Fremont. De repente el Bart se detuvo y la gente me empezaba a hablar, pero como yo no sabía hablar Inglés, no lograba entender nada de lo que me decían. Al fin se acercó a mí un señor que hablaba español y me pregunto hacia dónde iba.

Al fijarme por dónde iba, y darme cuenta de que no reconocía las calles, negué con la cabeza. -Ando perdida- dije finalmente un poco nerviosa.

El señor fue muy amable de acompañarme a la estación y por el micrófono los empleados preguntaron si alguien iba hacia San Francisco para que me pudieran llevar. Otro señor se apareció y accedió a ayudarme, pero el otro problema es que no recordaba la dirección de la casa de mi hermana, pero, por suerte, recordé su número telefónico. Una vez pudieron contactar a mi hermana, le preguntaron la dirección y así fue como me pude llegar a la casa. Esos son los riesgos que se toman cuando se va a un lugar diferente y no saber ubicarse. Yo era muy jovencita cuando me ocurrió eso, pero me sirvió de lección para estar más atenta.

Al siguiente día, mi patrona vino por mí y me llevó a la casa. A pesar de que ella era nacida en Estados Unidos, sus padres eran mexicanos, lo cual le dio la oportunidad de aprender Inglés y Español, lo cual era maravilloso porque podíamos hablar. Mi patrona era muy amigable, así que disfrutaba mucho de su compañía.

Después de los primeros quince días de trabajar con mi nueva Patrona, recibí mi primer cheque. En seguida fui con mi hermana a darle los cien dólares que me habían pagado para saldar mis deudas con ella.

- "Aquí le dejo esto por lo que le debo y allí vaya anotando lo que le voy dando"- Le dije a mi hermana, dejándole los cien dólares en sus manos.

- "No se preocupe, allí después hacemos cuentas" - me respondió sonriente.

- "Prefiero irle pagando desde ya" - Le dije decidida -allí están mis primeros cien-.

- "Vaya, está bien" - me dijo, entendiendo que no me iba a hacer cambiar de opinión.

Así fui repitiendo la situación cada quince días. Le dejaba todo lo que mi patrona me pagaba porque yo no necesitaba gastar en nada. En casa de mi patrona comía y me daba alojamiento.

La tercera vez le di doscientos y, más doscientos que le había dado con los pagos anteriores, llevaba $400.00 pagados.

- "Mire, tiene que pagar cien dólares cada vez que venga a mi casa"- me dijo.

Me pareció triste que, pesar de que cada vez que voy plancho la ropa, limpio la casa y ayudo en otras tareas, me estuviera cobrando tal cantidad de dinero, pero yo accedí, y le seguía pagando cada vez que recibía mi dinero.

Una vez le pregunte – "¿Cuánto le debo?".

- "Mire pues, es que no he hecho la cuenta"- se excusaba. Luego salía con que la renta se pagaba por adelantado. Yo, sin tener otra opción, me quedaba callada para evitar problemas mayores.

Después de unos cuantos meses de estar dejándole todo mi dinero a mi hermana, mi patrona me preguntó:

- "Disculpa que me meta en lo que no me importa, pero yo veo que nunca tienes dinero, entonces ¿Qué haces con tu dinero?"

Le conté toda la historia de la deuda con hermana debido a que me ayudó a establecerme en Estados Unidos.

- "¿Llevas la cuenta de cuánto le estas pagando?" – me preguntó con mirada suspicaz.

Sin siquiera darme un momento para responderle me tomo de la mano y me dijo: -Mira, te voy a abrir una cuenta en el banco para que lleves tus finanzas-

- "Muchas gracias"- le respondí apenada.

Como mi patrona era gerente en el Banco Wells Fargo, me pudo ayudar sin mucho problema.

Cuando mi hermana vio que no le estaba dando dinero me preguntó: - ¿Ángela donde está tu dinero? –

Yo le conté que mi patrona me había abierto una cuenta en el banco y, molesta me dijo: -mire, usted no puede que abrir una cuenta de banco hasta que termine de pagarme lo que me debe-

- "Estoy de acuerdo"- le respondí molesta, - "pero usted me dice que el dinero que yo le pago es para la renta que se paga por adelantado, entonces yo no veo que salgo de mi deuda y ni usted me dice cuanto le debo".

Se enojó tanto, que me dijo:

- "Bueno ahora ya no venga aquí, mejor quédese viviendo en la casa donde trabaja para que así se ahorre los cien dólares".

Así que hable con mi patrona:

- "fíjese que mi hermana como ya no le estoy dando el dinero a ella, ya no quiere que me vaya para ya"-

- "No te preocupes, aquí te puedes quedar y en tus días libres puedes descansar"- me respondió con amabilidad, totalmente consciente de lo que estaba viviendo en ese momento.

A pesar de que mi patrona insistía en que no hiciera nada en mis días libres, yo me sentía incómoda sin hacer nada, así que le ayudaba en los quehaceres de la casa, el jardín y de vez en cuando, la acompañaba al parque a jugar con los niños. A veces salía al parque sola con los niños para dejar que la patrona tuviera un tiempo de descanso con su marido.

Mi patrona insistía en que no hiciera nada en mis días libres, así que, de vez en cuando, me daba dinero para ir al cine con los niños y así evitar el impulso de ayudar en las labores del hogar. Yo disfrutaba fascinada la pantalla enorme de la sala de cine y vivía cada película como si fuera la primera.

Una vez mi hermana llegó a visitar a la patrona y se quedó a dormir allí. Mi hermana supo de mi relación con mi novio en El Salvador, y le contó a mi patrona:

- "Mire, tenga cuidado con Ángela y con su esposo"- le dijo con ganas de generar conflictos,
- "Ella ya sabe de hombres y le puede quitar el marido".

Al día siguiente mi patrona llegó del trabajo temprano y se sentó a hablar conmigo.

- "Ángela, ¿Sabes que me dijo tu hermana?" - Me preguntó, y sin dejarme responder, continuó.

- "Me dijo que tú ya sabias de hombres y que tuviera cuidado porque me podías quitar a mi marido"

Sorprendida le pregunté

– "¿De veras le dijo eso?".

- "¿Si así me dijo?" – me respondió.

Tuve varios días apenada por la situación que había ocurrido. No sé qué intención tenía mi hermana, pero me pareció muy cruel. Eso podía costarme mi trabajo.

Unos meses más tarde, el marido de la señora me andaba molestando y yo trataba de esquivarlo.

- "Mire, no me falte al respeto porque la señora Margarita es como si fuera mi madre"-. Pero él insistía, hasta que me vi obligada a hablar con mi patrona. Su respuesta me sorprendió.

- "Por eso tenía antes una viejita"- dijo resignada,

- "Yo sé que este hombre no respeta".

No dejo de pensar en lo idiota que era el señor pues tenía una mujer trabajadora, dedicada y amable. Él la estaba perdiendo y se iba a arrepentir de eso.

MI PRIMER EMBARAZO

MI PRIMER EMBARAZO

Luego de un tiempo, tuve que dejar de trabajar con mi patrona Margarita, ya que conocí a mi primera pareja, José Vásquez y quedé embarazada de mi primer hijo.

Mi hermana Dominga también ayudó a otros dos de mis hermanos venir a Estados Unidos. Yo llegué en abril, mi hermano en septiembre y mi hermana Elvira en diciembre del mismo año.

Mi hermana Elvira tenía un trabajo de cuidar a una señora que tenía un hijo que limpiaba escuelas, a quien conocí porque a veces llegaba a comer a la casa de la señora (su mamá). Un tiempo después empezamos a salir a pasear y a los bailes.

A mí me gustaba ir a la plaza del mariachi en Hayward. Yo disfrutaba bailar, pero no me gustaba que él bebiera tanto. Cuando empezamos a intimar hablé con él y le dije que no estaba preparada para quedar embarazada debido a que aún estaba económicamente inestable. Él me dijo que no me preocupara porque él sabía cómo evitar el embarazo.

Seis meses más tarde quedé embarazada de mi primer hijo. Apenas le conté a mi novio, fuimos al médico que nos confirmó las sospechas.

Yo no estaba convencida de tener un hijo con él, ni hacer una familia, primero porque era doce años mayor que yo y la verdad no era la persona que yo quería para mí, él era simplemente algo de momento. Pero ya estaba atrapada en una familia que no tenía planeada.

Después de saber que iba a tener un hijo suyo, me propuso matrimonio y, como para entonces yo seguía trabajando con mi patrona gerente de Wells Fargo.

- "Si se casan por el niño, no lo hagan"- me aconsejó,
- "total, aquí vas a tener trabajo y cuentas con todo mi apoyo"

Lamento mucho haber dejado mi trabajo con la señora, pero debía dejar esa casa para evitar problemas futuros por culpa de su esposo que seguía acosándome y diciéndome babosadas.

Cuando le conté a mi hermana Dominga que estaba embarazada, se enojó, me regañó y me golpeó. Por respeto no le levante la mano y dejé que me golpeara a pesar de que era cruel.

Para ese entonces yo no tenía adonde ir, pero conocí a una pareja que se llamaban Carmen y Guillermo en la escuela de Inglés que quedaba en la ciudad de Fremont. Al contarles sobre mi situación, ellos me abrieron las puertas de su casa.

- "No te preocupes, vente con nosotros, aunque sea en la sala te recibimos". Me dijeron con mucha amabilidad, así que acepté y me fui con ellos.

Mientras viví allí, el padre de mi hijo, José Carlos vio mi situación y me dijo:

- "Yo voy a comprar una casa y si te quieres venir a vivir conmigo, está bien". Así fue como empezó la búsqueda de la casa.

Desde el día que me mudé con mi marido empezó el martirio. José Vásquez era alcohólico y, cuando estaba ebrio me insultaba y me maltrataba. Me decía que yo no servía para nada, que no podía trabajar no sabía hacer nada, que solo servía para cuidar niños y limpiarles las nalgas a los viejitos.

Sus maltratos estaban dejando mi autoestima por los suelos. Lloraba mucho y detestaba verlo salir con sus amigos a tomar porque sabía que, al volver, seguiría con sus maltratos así que a veces yo me hacía la dormida, pero él llegaba al punto de despertarme e insultarme.

- "Si usted no me quiere, puede salir por donde entró- me gritaba" -no tiene que estar a la fuerza conmigo-.

Cada vez que él llegaba a la casa, yo me ponía a temblar de los nervios, pues ya sabía lo que me esperaba.

Recuerdo una vez que yo estaba limpiando las ventanas de la casa se apareció el vecino y me dijo:

- "Mire, ¿Usted puede limpiarme las ventanas de mi casa?"

Yo le conteste"

- "Claro que sí, cuando guste"

Mi esposo, que estaba llegando a la casa en ese momento, escuchó la conversación y se puso celoso. Cada vez que se emborrachaba, me hablaba del vecino y me prohibía hablar con él. Llegó al punto de pelear con el vecino que ni entendía las razones por las que mi esposo le gritaba.

Su desconfianza e inseguridad se centraban en que yo era doce años menor que él y pensaba que para mí era fácil conseguirme a otro hombre. Con el tiempo empezó a prohibirme las visitas y el derecho a salir; estaba presa en mi propia casa.

Había muchas razones por las que no podía separarme de mi marido. Una de ellas, era la familia. Mi suegra, que me tenía mucho aprecio, me decía:

- "Ángela aguante a este hombre- y también le decía a su hijo" - José cásate con Ángelita, otra mujer como ella no la vas encontrar- así que nos casamos en la ciudad de Hayward. Fue una ceremonia meramente institucional, solo él, yo y, como testigos, la secretaria de la oficina y otro trabajador.

A veces yo me ponía a hacer comida para hacer un poco de dinero y se la daba a mi marido para que la vendiera a sus compañeros de trabajo. En un principio me daba el dinero de la venta, pasado el tiempo comencé a ver menos mis ganancias, al final él se quedaba con todo el dinero y yo no obtenía nada. Pasados los años quedé embarazada con una segunda criatura, mi hija Cristina, y así pasaron seis años donde tuve dos niños.

MI CRUZ

Una vez fui a visitar a mi madre a El Salvador. Aproveché el viaje para contarle lo que estaba viviendo con mi marido.

- "¡Ay mija!, pues ya te tocó y esa es tu cruz"- me dijo con un tono de resignación, - "échele ganas".

Otra persona que me acompañaba en mis desahogos era mi cuñada Elsy. Hablábamos con frecuencia por teléfono. Le contaba todo lo que yo pasaba, a veces lloraba y le decía:

- "¿Qué hago Elsy? ¡Yo no quiero que mis hijos sufran!" -

- "Mire si usted quiere dejar a ese hombre, yo la puedo ayudar. Yo le puedo prestar el dinero para que se vaya a un apartamento" – me ofreció mi cuñada, así que empecé a buscar un apartamento.

Luego de mucho buscar, encontré un apartamento que estaba en muy malas condiciones. Aun así, decidí tomarlo y me encargué de arreglarlo. Mi mayor inconveniente era que no

calificaba yo sola para el apartamento, pues no tenía ni trabajo ni dinero, así que hablé con mi sobrina que tenía un novio llamado Nicolás Macías que tenía un buen trabajo, dinero y hablé con él.

- "Nicolás, ¿Me puede hacer un favor?" – le pedí al novio de mi sobrina totalmente apenada.
- "¿Puedo ponerlo como esposo para poder calificar por el apartamento?"

Sin pensarlo, Nicolás me hizo el favor y me dieron el apartamento. Así fue como en el año 1,987 me fui y me separé de mi esposo.

Cuando me pasé al nuevo apartamento me percaté de que no tenía muebles, cama, estantes… me toco dormir en el suelo con mis hijos. Luego pedí dinero prestado a mi hermana Elvira para poder comprarme un refrigerador, y así, de poco a poco, pude reiniciar mi vida.

Más tarde, contraté a alguien desde Los Ángeles para que cuidara a mis hijos pues yo trabajaba todo el santo día en una florería en Fremont que se llamaba "Bonsái Flowers". Trabajaba casi 16 horas diarias y en temporada alta llegaba a dormir únicamente dos horas.

Sin embargo, gracias a mis esfuerzos me compré mi primer carro en $500.00 Era un carrito viejo que le compré a una persona que se iba a México. El carro era tan viejito, que tenía que cargar con muchos galones de agua porque a cada rato se recalentaba, y tenía que parar para echarle más agua y así sucesivamente hasta llegar a la casa.

En dos años me pude superar y pude cambiar de carro, ya que mi carrito viejo me tenía agotada. Fui a una venta de carros y me compré uno completamente nuevo. Era una Pick-up Toyota blanca.

Me decidí por una Toyota Pick-up porque donde trabajaba había bastantes personas sin carro y pensé que con un carro grande podría ayudarlos llevándolos a sus casas. También me encargué de amoblar el apartamento. Lo primero que compré fue una cama para que pudiéramos dormir los tres, mis dos hijos y yo.

Para sacar mi licencia tuve que pedirle a una amiga que me ayudara pues yo no sabía leer ni escribir, así que, como tenía que hacer un examen escrito, resolví por hacer una trampita. Le pague a mi amiga Vicky para que tomara el examen por mí, luego en el baño nos intercambiamos la blusa y yo me iría hacer el examen práctico de manejo al Departamento de Vehículo y Motores de Fremont. Lo bueno es que antes no había cámaras, ni control, así que se nos hizo fácil hacer eso, pero estábamos muy nerviosas.

Mi esposo me preguntó por la licencia para ponerme en su seguro, así que cuando le mostré mi licencia se quedó con la boca abierta, me dijo:

- "¿Y cómo le hiciste?"

A lo que yo le respondí"

- "Ah, no es asunto tuyo" -

CONFLICTO

CONFLICTOS

A fines del año 1,988 vino un señor de Los Ángeles a quien yo conocí en El Salvador. Era un muchacho que a mí me gustaba mucho, un hombre guapo y bien vestido. Se llamaba José Herminio Martínez. Vino a vivir con mi hermana Elvira y un amigo mío le busco trabajo.

Los fines de semana se iba a beber con mis hermanos en la casa y así era como nos encontrábamos. Empezamos una linda amistad, y como él no tenía carro, me pedía el favor de llevarlo a varias partes. Así empezamos a platicar y de un momento a otro, entre los recuerdos de viejos tiempos, se dio una relación más íntima.

Uno de esos recuerdos fue cuando se juntaba con mis hermanos, ya que ellos eran músicos. Tocaban y nosotros nos bailábamos.

Una vez me atreví a decirle:

- "Usted sabía que me gustaba, pero usted se fijaba en otras muchachas"- y nos sonrojamos los dos.

A finales de 1,989 José se quedó a vivir en mi apartamento.

Lastimosamente mi segundo marido tenía complicaciones para encontrar trabajo a pesar de que salía todos los días. Yo también lo acompañaba a diferentes sitios, pero él no tenía suerte, así que yo era quién estaba a cargo de todos los gastos.

Mis hermanos siempre le hacían bromas a mi esposo ya que no conseguía trabajo. Le lanzaban indirectas, y bromeaban diciéndole que cómo era posible que, mientras yo estaba trabajando, él estuviera acostado en la cama todo el día cuidando niños. José también se sentía incómodo con la situación, y los chistes de mis hermanos empeoraban la situación.

Al fin del mes encontró trabajo en el turno de la mañana mientras que yo trabajaba en el turno de la noche. Él trabajaba de jardinero y le gustaba hacer ese tipo de trabajo por lo que duró bastante tiempo en ese trabajo.

Las cosas no iban tan bien ya que empezaron haber problemas y conflictos entre mi segundo esposo y mi primer hijo, el grande. Mi primer hijo nunca se portaba mal en la casa siempre guardo el debido respeto, pero a mi esposo no le gustaban algunas cosas que mi hijo hacía. Algunas veces le prohibía a mi hijo el uso del carro.

- "¿Y porque mi hijo no puede usar el carro si yo lo estoy pagando?" – le pregunté altanera,

- "Él puede hacer lo que quiera en la casa porque yo la estoy pagando".

Eran pequeños conflictos entre ellos y mi esposo quería ser el de la razón, pero nunca llegaba a ese punto. Yo ya tenía las fuerzas suficientes para no dejarme manipular de un hombre y me demostré a mí misma que podía salir adelante sola, pues yo pagaba dos casas, dos carros, mantenía a mis hijos y les compraba todo los que necesitaran.

Eso le molestaba a mi esposo y un día me dijo que dejara mi hijo mayor en casa de su papá y que yo solo viera por mi hija Cristina, pero me negué. Le dije que yo iba a salir adelante con mis dos hijos y que si me quería me tenía que aceptar con los dos.

Yo hacía lo posible para que se llevara bien con mis hijos y mis hijos bien con él, tanto que hasta para navidad yo compraba hasta cuatro regalos y le decía que hicieran como si él se los hubiese comprado, pero mis hijos no se lo creían.

Cristina un día le dice a José:

- "Y ¿Cuáles son los regalos que nos has comprado para navidad?"

José se volteó a verme a mí y me dijo:

- "Mire dice ésta que ¿Cuáles son los regalos que yo compre?"

Yo intentaba disimular, pero mis hijos ya eran grandes y se daban cuenta que él nunca les compraba los regalos, sino que era yo.

MI DECISIÓN

En ese tiempo la florería empezó a decaer y así que yo tuve que dejar ese trabajo. Disfruté la experiencia en la florería ya que aprendí a hacer muchas cosas y demostré ser una trabajadora dedicada. Pero la florería finalmente quebró y se vieron obligados a cerrar l local, quedándonos todos sin empleo.

Nunca nos dieron una indemnización, así que tuvimos todos que empezar a buscar trabajo  y así fue como, en 1,990 encontré trabajo en un hospital donde salí embarazada de mi tercer hijo: Giovanni. José cuidaba al niño en casa y me llevaba a mi hija a la escuela mientras yo trabajaba.

La patrona de nosotras en el hospital era muy amable y me permitía entrar a las once de la noche y salir a las siete de la mañana del trabajo. Las enfermeras cambiaban a todos los pacientes a las cinco de la mañana y salía una barbaridad de ropa y yo, que estaba trabajando en el departamento de lavandería hacia lo imposible por meter lo más que podía a las lavadoras para terminar lo más rápido posible.

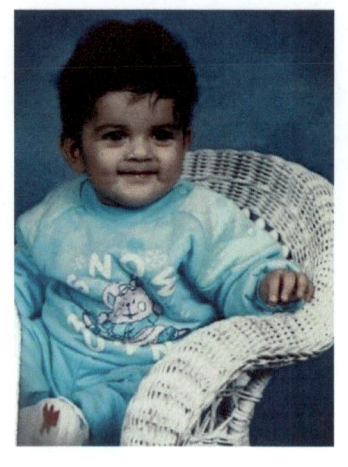

A las siete de la mañana llegaba el reemplazo. Se trataba de una Hondureña. Como era una mujer malintencionada, empezó a darle quejas a la jefa de que yo no me apuraba, que yo no tenía limpia la ropa, pero ella nunca pensaba en lo que pasaba a las cinco de la mañana. La jefa salía a regañarme y como yo no sabía mucho inglés, no podía explicarle lo que pasaba. Lloraba de la cólera porque no sabía cómo defenderme.

En 1,992 vivíamos en la ciudad de Unión City, pero el ambiente se puso muy feo y cuando me cansé de ese lugar me fui a rentar una casa. Ese año salí embarazada de mi cuarto hijo y quien nació al año siguiente.

Trabajé durante ocho años en el hospital desde 1,990 hasta 1,998 durante ese tiempo salí embarazada de Franky, y gracias a que yo contaba con el seguro del hospital Káiser de Hayward tuve la fortuna de que me atendía siempre un doctor que era muy buena persona y fue allí nacieron mis hijos Giovanni y Franky.

Durante el tiempo que estuve trabajando en el hospital pude comprar mi primera casa y para juntar más dinero también jugaba tandas, pero a pesar de tener un buen trabajo aun no calificaba para la casa y tenía que poner a mi marido en el contrato. A mí no me gustaba contarle de mis proyectos porque siempre me respondía con negatividad; salía con escusas y no me apoyaba. Pero esta vez necesitaba su ayuda para poder calificar para la casa.

Después de escuchar un gran discurso de todas las tragedias que podrían ocurrir por comprar la casa, zanjé la situación con una pregunta:

- "Mire, yo voy agarrar la casa pase lo que pase ¿Quiere ayudarme usted?" -

- "No"- respondió secamente.

- "Bueno pues voy a buscar a otra persona que me ayude".

Al escuchar esto aceptó y después de tantos manchones que hizo en el contrato porque andaba borracho, adquirimos la casa, que quedó a nombre de los dos en Hayward. Se trataba de una casa de tres cuartos y un baño, muy bonita.

Un día, ya cansada de trabajar para alguien, tomé la decisión de abrir mi propio negocio. -voy a ser mi propia patrona- así que me dispuse a renunciar en el hospital y emprender mi nueva aventura.

Me fui a los Ángeles a traer una plancha para cocinar y empecé a preparar pupusas y vender comida en mi casa. Mandaba a mi hija a dos fábricas donde no llegaba el camión de comida a vender, y yo me quedaba atendiendo a la gente que llegaba a la casa.

En la esquina de mi casa había un restaurante y una barra. Ese restaurante me motivaba a tener mi propio restaurante.

Entré a la pizzería de la esquina y le pregunté al señor que estaba allí:

- "¿No vendes esta pizzería?", le pregunte

- "No la vendo"- me respondió",

- "Pero si quieres podemos ser socios".

En seguida hablé con mi comadre Elena García.

- "Fíjese que el hindú de la pizzería me ofrece ser socios, ¿Qué opina usted?"

- "¡Entrémosle!" – me dijo entusiasmada.

De entrada, nos cobró $1,000.00 de renta, y pusimos $500.00 cada uno entre la comadre y yo. Estábamos contentas porque no nos cobró deposito. Él se encargaba de hacer las pizzas y nosotras hacíamos pupusas.

Todo iba súper bien; el compadre Don Antonio García llegaba todas las tardes, según él, a ayudarnos, pero siempre que llegaba me molestaba porque tenía la costumbre de decir que las cosas él las  podía comprar más baratas y yo me quedaba callada, pero según él, cada verdura o cosa que yo compraba él la podía encontrar más económica y a mí me ponía de muy mal humor.

En cuanto a mi esposo, él llegaba bien borracho a la cantina a tomar y luego se pasaba al restaurante a celarme con el dueño. Ni siquiera se trataba de un hombre atractivo para que valiera la pena sus celos, pero, en fin, solo llegaba a molestarme. La comadre veía que mi marido me celaba, pero ella no decía nada. Además, mi esposo me decía que el hindú me estaba robando, y yo no le contestaba.

Bueno duramos dos meses allí hasta que el hindú nos corrió. Como no teníamos contrato, no hubo nada que pudiéramos hacer. Su argumento era que, si queríamos estar allí con él, le teníamos que dar el cincuenta por ciento de las ganancias más los $1,000.00 de renta. Después le comenté lo sucedido al dueño del edificio.

- "Fíjate que él paga $1,000.00 de renta y tiene 6 meses que no me ha pagado"- me dijo,
- "Quédate y yo lo voy a correr a él y tú te quedas aquí"

Como el compadre me tenía cansada con sus comentarios, decidí separar mi sociedad con la comadre. Mientras estaba en esa disputa, cerraron la pizzería y se quedó solo la barra porque el hindú no pagaba.

Un tiempo después abrieron un restaurante mexicano y yo decidí hablar con el dueño. Le dije, que estaba interesada en el negocio, pero él rechazó mi petición porque les estaba yendo muy bien. La taquería se mantuvo por mucho tiempo hasta que la cerraron porque el edificio estaba ya en malas condiciones y habían matado a un muchacho en la barra, así que cerraron ese lugar. Otro Indú compró el edificio y lo reconstruyo.

MI PRIMER NEGOCIO

MI PRIMER NEGOCIO

Un tiempo después, decidí abrir mi propia compañía de limpieza. Limpiábamos casas y oficinas del año 1,998 al 2,004. Mis hijos siempre me acompañaban y me ayudaban con la limpieza. Mi rutina diaria se basaba en ir de oficinas en oficinas a limpiar, y en mis días de descanso seguía trabajando, haciendo tamales, pupusas para vender, así que no descansaba.

Para entonces yo había comprado mi segunda casa así que seguía pagando dos carros y dos casas. La segunda casa que compre era la del papa de mi hijo que ya se había jubilado y estaba vendiendo la casa. Como mi hijo ya se había acostumbrado a esa casa, fuimos hablar con su padre para ver si nos la vendía. Yo le dije que su hijo quería vivir allí porque ya se había acostumbrado, y él accedió y nos la vendió. Para poder hacer la compra tuve que entregar el pick up blanco porque ya no podía pagarlo y mi segundo carro había salido muy mal; me dejaba en el camino a cada rato.

Una vez se me poncho una llanta cerca de Fremont y yo sin saber cómo cambiarla. Recuerdo que andaba con mi hija, y ella era quien me subía el ánimo.

- "Mami yo la pongo"- me dijo con seguridad, comenzando a mover tuercas hasta que logró cambiar la llanta dañada y pudimos seguir el camino. Esa no fue la única vez que el carro me dejaba varada, así que una vez, me dispuse ir a una venta de carro y me decidí por una van para que quepan cosas para el negocio.

Le pedí al vendedor una Van usada y barata y me consiguió una que habían devuelto porque no funcionaba bien. A los quince días de haber comprado la Van, ya no servía y allí fui de nuevo a la venta de carros para hacer el reclamo al vendedor.

- "No se preocupe, se la vamos arreglar"- me respondía el vendedor.

Así me mantuve varias veces, ya que la Van seguía dañándose, hasta que una vez me cansé y se las dejé allí.

Opté entonces por comprarme otro carro en la Toyota. Esta vez compré una rav4. Ya en la tarde me llamaron de la Ford para decirme que fuera a recoger la Van y yo les dije que se las dejaba. Ellos empezaron a decirme que yo no podía dejarles el vehículo así que me vi obligada a recogerla y seguir cargándola.

Después de tanto estar saltando de un sitio a otro, me dispuse dejar la limpieza de las oficinas y las casas y me dije:

- "Quiero trabajar en un solo lugar".

Mi sueño siempre fue trabajar para alguien en un restaurante y servirle a la gente, pero Dios me dio más de lo que yo pedía. Un día yo salí a buscar un restaurante para comprarlo y encontré una pizzería que la propietaria, una mujer hindú, estaba vendiendo. La mujer me dijo que necesitaba $15,000.00 para asegurar la compra del negocio y se los entregue.

Luego empecé con los trámites que la mujer me había dicho que debía hacer, tales como cambiar el nombre del restaurant. Un miércoles yo le entregue el dinero y al rato, ella se ofreció para ayudarme a hacer todos los trámites.

El viernes de esa misma semana, recibo una llamada telefónica:

- "Ángela, necesito que vengas con tu hija para explicarte algo"- me dijo la hindú.

Mi hija y yo fuimos contentas pensando que nos iba a entregar las llaves. La hindú nos esperaba con un señor que no había visto antes.

- "Ángela fíjate que no se va poder abrir el domingo como lo habías planificado"- me dice la hindú.

- "¿Por qué?" – Pregunté preocupada. Yo ya había repartido volantes anunciando la apertura del restaurant y ahora no podría abrirlo. La verdad de lo ocurrido es que, como para ese domingo iba a haber un partido de futbol, ella sabía que iba a ser una buena oportunidad para vender así que quería mantener su restaurante por un día más.

- "No me hagas esto, yo por eso te di los quince mil para afianzar el trato" - le dije molesta.

Estaba muy decepcionada porque ya había invertido en todo el material y ya estaba preparada para abrir ese domingo.

Bueno me tuve que ir a la casa ya casi llorando de cólera, porque sabía que mi esposo me iba a empezar a criticar y molestar. Siempre salía con el "Yo te dije y no me haces caso".

Pero en fin tuve que calmarme, a pesar de que esta señora nunca me devolvió el dinero.

Entonces un día me habla un amigo que conocía al dueño de una taquería que se llamaba Pablo y me dijo:

- "Ángela, sé que anda buscando un restaurante- y me habló sobre el señor Pablo y su interés por vender su taquería".

Como el restaurante tenía apenas unos seis meses, decidí tomar la oportunidad, así que le pedí el número de teléfono de Pablo y lo llamé.

En seguida me invita a ir a ver el local y se cuadró el negocio. Mientras se hacían los trámites de traspaso, yo abría el negocio los fines de semana ya que ellos no trabajaban esos días. El trato de comprar todo el restaurante me iba a salir en la mitad de lo que me iba a costar la pizzería que me estaba vendiendo la hindú así que yo encantada pagué todo el dinero.

Pablo insistió en hacer el traspaso legal así que hicimos el proceso completo, lo cual fue mucho mejor. En el año 2,004 compré la taquería y le puse de nombre al restaurante "San Antonio", por mi devoción a dicho santo.

Un día mi segundo esposo nos preguntó a mí y mi hija,

- "¿Y ustedes por que vienen tan contentas y entusiasmadas?"

Mi hija, que no se podía contener le dijo:

- "¿Sabe por qué?",
- "Porque mañana abrimos un restaurante"

Mi esposo se enojó porque no le habíamos dicho nada del restaurante, nos contestó que porque nunca contábamos con él, que no nos iba a funcionar, que había sido un gasto nada más, en fin, todas las quejas de siempre así que decidí ignorarlo.

Un día vino a verme la hindú que le había dado los quince mil dólares y se paró enfrente al restaurante y me dijo: -que bien, agarraste aquí-

- "Pues sí"- le respondí",
- "yo te dije que quería abrir un restaurante y así lo hice. Ahora quiero que me pagues mis $15,000.00 de regreso pues hicimos un trato y tú fuiste quien falló".

Tuvimos una reunión un viernes y cuando llegamos allí estaba un hombre que le iba a comprar el restaurante. Yo le dije que ya no estaba interesada, así que le vendió el restaurante a ese hombre, pero los $15,000.00 no me los devolvió. Así que el hombre que estaba allí compro ese restaurante y hasta la fecha el sigue allí y a veces viene a comer a mi restaurante y solo se queda viendo. No me imagino con cuanto estafaría a ese pobre hombre.

Una mi sobrina me recomendó una abogada así que la contrate y le pague a la abogada para que me ayudara a recuperar mi dinero, pero nunca hizo nada. No sé si se pusieron de acuerdo, pero en lugar de ayudarme, fue todo lo contrario, pues le pague $4,000.00 que no sirvieron para nada. Nunca supe más ni de la abogada ni de la hindú, así que en total perdí unos $19,000.00 y desde entonces me volví muy desconfiada, porque ya ha sido mucho lo que me han hecho.

Para abrir el restaurante "San Antonio", yo tuve que hipotecar una casa y luego venderla para poder comprar el restaurante y para mantenerlo porque al principio todo era pura inversión y tenía que pagar la otra casa y los carros. Durante el primer año y medio me estaba costando un poco así que, para poder seguir manteniéndome a mí y al restaurante, tuve que vender la otra casa. Yo pensé que el negocio se iba a mantener, pero no fue así. Casi todo un año y medio tuve que meterle dinero, hasta tuve la necesidad de pedir prestado a un hermano que estaba en New York. Él se encontraba muy bien económicamente, pero no me quiso prestar el dinero. Hasta la fecha estoy resentida con él.

Así que, tuve que ir a hablar con mi hermana Elvira para poder vivir allí por un tiempo.

Mientras viví con Elvira empecé a tener problemas con ella porque decía que mis hijos le ensuciaban la casa. Mi hermana tampoco se llevaba muy bien conmigo, pero no encontraba otra solución.

Me sentía tan deprimida que no sabía qué hacer y además a mi esposo le había encontrado una tarjeta de un hotel en la bolsa de su camisa.

RESTAURANTE LAS CABAÑAS

Allí fue cuando tomé el valor para decidir entre mis hijos y él, así que tuve que decirle a mi segundo esposo que se fuera con su familia para yo poder vivir en el cuarto con mis hijos porque ellos dormían en la sala y a mi hermana no le gustaba. Como mi esposo no quería irse, decidí salirme yo con mis hijos.

Así que decidí salirme de la casa de mi hermana y me vine para el restaurante a vivir en un cuarto que estaba construido en la parte de atrás. Me fui a ese cuarto con mis hijos y él se quedó viviendo con mi hermana. Al principio él llegaba al restaurante solo a comer y ni siquiera pagaba; pedía y se iba, y continuaba con sus celos absurdos.

Con el tiempo me empezó a ir mejor sola con mis hijos y con el restaurante ya que tuve que alquilar un espacio con un hindú en una pizzería debido a que mi restaurante se me llenaba, así que cuando aquí la gente ya no cabía más, los mandaba para el otro lado. Mantuve esa concesión por dos meses, pero me detuve porque el hindú estaba empezando a hacer trampas.

Como en el segundo local me iba muy bien, el hindú empezó a tener envidia porque su pizzería no vendía muy bien hasta que un día me dijo:

- "Mira tienes que darme un depósito de $40,000.00"

Como allí había otros negocios le respondí:

- "Bueno, si tú me pides a mi ese dinero, también es justo que se lo pidas a los demás"- le respondí serenamente,
- "vamos hacer un nuevo contrato"

Otra opción era encargarme de reunir los $40,000.00 entre los negocios que estaban allí. Esta opción la aceptó, así que planifiqué una reunión un viernes para hablar del tema con los demás.

Por alguna razón, el hindú les había pedido por adelantado el depósito sin avisarme así que, el día de la reunión me sorprendió luego que le pregunté:

- "¿Ya nos vamos a juntar para la reunión?",

- "¿Qué reunión?" - me respondió fingiendo sorpresa.

Molesta por lo que hizo le dije -eso no se hace, ¿Sabe porque yo estoy dónde estoy? porque yo soy persona de palabra, no porque yo sea mujer se va a provechar de mí- Estaba muy molesta y seguí peleando:

- "Tú estás acostumbrado a robarle a la gente y hacer lo que tu santa gana te da. Yo tengo los $40,000.00 pero no me gusta hacer negocios con gente como tú, eso que tú has hecho no es de negociante".

Luego de la discusión, le solicité un mes extra para avisarle a mi gente que ya no voy a estar aquí y él me respondió:

- "No, si te quieres quedar aquí, tienes que pagar los $9,000.00 tu sola, porque eso era lo que se pagaba entre todos".

- "¿sabes qué? Con estos cuatro días tengo para avisarle a mi gente" - le respondí indignada.

Arranqué todos mis anuncios y mi rotulo, pero él no me dejaba quitar mi rotulo porque argumentaba que era de su propiedad y que yo no le podía quitar nada allí.

Él era tan mala persona que a su gente que trabajaba con él, le pagaba menos del salario mínimo.

Después de todo esto, hasta la fecha me ha rogado porque regrese a poner mi negocio, hasta el punto de que yo ponga mis reglas. No me lo pide el personalmente, pero me envía personas para que me convenzan.

Una vez el intercesor me conto que el hindú le dijo: -esa mujer tiene más pantalones que un hombre, de carácter fuerte y luchadora-.

Al lado de mi local en el primer restaurante, había otros dos locales que los ocupaba un grupo de señoras que daban terapias a señoras maltratadas y abusadas, pero las mujeres de al lado me tenían envidia así que siempre me salían con cosas y eran muy problemáticas, hasta que una vez me tendieron una trampa en la cual yo caí, pues mandaron a unas personas a comprar cerveza, pero uno de los muchachos era menor de edad. Como yo no sé leer ni escribir, les vendí la cerveza sin notar que el documento decía que eran menores de edad, entonces detrás de ellos entraron otras personas que me dijeron la trampa que me habían tendido, total que así empezó una demanda en mi contra donde me querían cobrar una gran multa. El problema fue tan absurdamente grande que hasta salí en periódicos y televisión.

Aparte de eso unas de mis primeras empleadas también me demandaron porque yo les tenía atrasadas unas semanas de pago.

Como no podía pagar las multas que me habían impuesto, tuve que pedir la asesoría de un abogado que me recomendó que me declarara en banca rota y le cambiara de nombre al restaurante y el dueño. Ese abogado también me robo $4000.00 Empezó con el proceso y no lo finalizo, pues, según él, empezó a tener sus propios problemas.

En ese tiempo la gente hablaba mal de mí y me miraban con malas caras. La sume de estas situaciones me generó una fuerte depresión, por todo lo que me estaba pasando en los negocios.

Ya no sabía qué hacer, me sentía impotente, pero por otro lado estaba mi deseo por superarme y salir adelante y sobre todo, tenía que darles a mis hijos un futuro positivo, así que me declare en banca rota e hice todo lo que el abogado me recomendó. Y funcionó...

Cambié el nombre del restaurante a "Las Cabañas". Escogí ese nombre por mi lugar de nacimiento en El Salvador.

Como seguía teniendo problemas para mantener el restaurante, le pedí dinero prestado a una de mis hermanas que solía hacer préstamos con intereses.

- "A ti no te presto ni con intereses"- me dijo mi hermana. Su respuesta me dolió mucho.

Las ironías de la vida hicieron que ella volviera a mi cuando el restaurante ya se encontraba levantado. Ella fue a pedirme un préstamo de $4000.00 y en seguida recordé aquella vez. Como no soy igual a ella, accedí a hacerle el préstamo y dejarle la situación de lección.

EL SOCIO

EL SOCIO

Una vez, una a miga me presentó a un señor llamado Don Abundio. Este señor se hizo mi socio para poder levantar el negocio y descansar un poco. Pero él se fue apoderando del restaurante hasta que una vez me quitó las llaves de la caja fuerte y me dijo:

- "Yo voy a administrar las cuentas para que todo salga bien".

Yo accedí para evitar más problemas de los que ya tenía, pero había algo que no me gustaba en él, entre tantas cosas, era que no atendía muy bien a la gente. A veces, cuando se acercaba la hora de cerrar, les apagaba la luz y los televisores y les decía que ya estaba cerrado corriendo a los clientes del local. También ocurrían ocasiones en las que ya no quería atender a las personas.

Decidí hablar con él y decirle que no me gustaba su manera de tratar a los clientes, porque a las personas había que atenderlas:

- "No, la gente tiene que entender que cuando ya se va a cerrar ya no se les atiende"- me respondía secamente.

Al final, para evitar problemas, accedí a quedarme a seguir atendiendo en las tardes porque por eso tenemos el restaurante. Nuestra prioridad es atender y complacer a los clientes y por eso el restaurante se mantiene, porque a la gente le gusta visitarlo.

A la gente empezó a dejar de ir por la conducta de Don Abundio, así que el negocio fue decayendo, así que tuve que hablar con el respecto a eso.

- "Aquí hay dinero solo para un solo dueño, mejor váyase para su casa, descanse, cuide a sus hijos y yo me voy a quedar con el restaurante"- fue su respuesta a mis preocupaciones.

La suma de todas estas situaciones (la fuerte depresión, deudas y demandas) me tenían angustiada. Cuando rezaba, le preguntaba a Dios cómo era posible que me estuviera pasando todo eso a pesar de todos mis esfuerzos.

Días después, unos clientes que me vieron muy deprimida me preguntaron:

- "Doña Ángelita, ¿Qué tiene?, la vemos decaída y muy mal"-

Me desahogué y pues les conté todo lo que me andaba pasando. Ellos me recomendaron unas terapias, y me dieron la dirección. Empecé a asistir a las sesiones cada semana.

Las terapias me ayudaron mucho a subir la moral, superar las situaciones que estaba viviendo y que me ayudaban despejar mi mente, lo cual me dio fuerzas para seguir ayudando a mis hijos y para seguir luchando. Este fue el momento en el que realmente desperté, me armé de valor y no dejé el restaurante.

Luego de mi etapa de depresión seguí mi asociación con Don Abundio por dos años más, hasta que una vez una de las trabajadoras me dice:

- "Ángelita don Abundio no va a venir",

- "¿Y eso?" – pregunté en seguida".

- "Tuvo problemas con la justicia y fue arrestado. Va estar preso por largo tiempo".

A pesar de la pésima noticia, yo me sentí un poco relajada porque esto iba a mantener a Don Abundio alejado, así que su esposa fue quien vino a tomar su lugar en el restaurante sin mi consentimiento. Yo me daba cuenta de que solo venía a sacar dinero. Ella le había dicho a la muchacha que trabajaba con nosotros que cuando salieran los billetes de a $100.00 se los diera a ella. Como vi que la trabajadora se puso de lado de la esposa de Don Abundio, la corrí.

Una vez fui a visitar a Don Abundio a la cárcel y le dije: -Dígale a su esposa que yo no la quiero ver allí en el restaurante porque si quiere yo le devuelvo su dinero, solo dígame como quiere que se lo pague- le dije decidida a sanar el problema que tenía con Don Abundio -si quiere que le pague todo junto, me tiene que dar un tiempo, o se lo voy pagando cada mes-

- "Démelo cada mes"- Accedió Don Abundio lo cual cerro la sociedad que me llevó a la depresión. Después de esta experiencia, me prometí trabajar sola y salir adelante únicamente yo con mis hijos.

MI FELICIDAD

A partir del 2,009 todo mejoró en el negocio, al igual que la relación con mis hijos. Me sentía una mujer diferente, una mujer fuerte, trabajadora y luchadora. Después de todo lo que me paso, todo cambio para mejor y empecé a ver los frutos de mi fe, porque siempre anduve de la mano del señor.

Cada día más mejora mi vida y la de mi familia. Ahora, cada año salimos en familia a pasear. Hemos ido por cruceros a playas de México, puerto Vallarta y Cabo san Lucas, visitamos Hawái y tuve la oportunidad de ir a El Salvador y darles a conocer mi lugar de nacimiento. Ahora podemos disfrutar de comprar lo que necesitamos sin ningún problema. Compramos nuestra casa y, de allí en adelante mi vida en familia ha sido muy feliz.

Durante estos años, han venido personas a proponerme sociedad, pero yo no he aceptado gracias a las malas experiencias que me han pasado. Han venido a comprarme las recetas de mis comidas y con mi familia decidimos que no las compartimos ya que es un secreto de familia. Quieren que les ayude a poner un restaurante y usar mis recetas y mi nombre como una franquicia, pero mis hijos no están de acuerdo por la seguridad de la reputación de mi restaurante. Así que decidimos que la familia se enfocaría en sacar adelante el restaurante solos.

Mi mamá tenía un Don que era de ayudar y servir a la gente. Cuando llegaban a visitarla, ella se aseguraba darles de comer. Nosotros les pagábamos a dos muchachas que cuidaran a mi mamá y ella las enviaba a la tienda a comprar de comer, medicina y lo que se necesitara. Ella velaba porque la gente tuviera medicamentos. Ayudó a personas que trabajaban allá con nosotros, personas que hasta murieron allí, pero ella siempre estaba al tanto de que tuvieran todo. Y creo que por eso nunca le faltaba nada, la gente la quería y también la ayudaba cuando ella necesitaba. Por eso yo pienso que tengo el don de ella, de ayudar y servir a los demás. Mi señora madre falleció en el 2,014 (Q.E.P.D.) sin

embargo, me siento muy feliz de haberla ayudado y el momento más feliz de mi vida fue cuando por fin pude ir a verla a El Salvador y la llevé a Estados Unidos a conocer mi restaurante.

Yo pienso que mi don, es servirle a la gente. Desde que empecé el restaurante nunca me fijé en lo que ganaba, me enfocaba más en que la gente estuviera contenta con lo que yo vendo. Me preocupo en que cada persona que esté en mi restaurante salga con el estómago lleno y complacido, para yo sentirme bien.

Nunca fui ambiciosa porque eso no es bueno. Hay personas que son ambiciosas y se fijan solo en ellos mismos, por eso nunca les va bien. Otras van pensando en hacerle daño al prójimo por querer tener más, pero no les funciona. La ambición nunca es buena.

Tengo una tradición que se volvió costumbre cada año y es que, para el día de acción de gracias, siempre le doy gracias al señor por mis logros. Mis trabajadoras y yo hacemos una cena para convivir juntas porque mis trabajadores no son empleados para mí, son mi familia, y por eso a veces me entristezco cuando uno falta a esta festividad. Además, hacemos una cena para la noche buena y así trato de convivir y celebrar con ellos que son mi familia también. Mi mamá siempre nos aconsejaba que no nos fijáramos en el dinero ni pensáramos solo en nosotros, tenemos que también pensar en los demás.

A mis hijos les aconsejo que tenemos que compartir lo que Dios nos ha dado con ellos porque ellos son quienes nos ayudan a levantar el negocio. No podemos pensar solo en nosotros, sin ellos no somos nada y hay que ser muy agradecido. Pero el consejo más importante que le doy a mis hijos es que, cuando ellos quieran realizar un proyecto, que le pidan a Dios primero y que los guie para que tengan éxito y nunca piensen en avaricia porque no los llevara a nada.

Yo me siento orgullosa de poder haber salido adelante y llegar a donde estoy y demostrarles a todos que sin saber leer ni escribir pude hacerlo, y sé que mis hijos se sienten orgullosos de mí, por haber logrado todo esto.

Yo antes no podía comprarles zapatos a mis hijos ni ropa, pero yo le pedí tanto a Dios, y no era riqueza, yo solo le pedía tener lo necesario para que mis hijos no vivieran en la pobreza y toda esta lucha sirvió, porque ahora yo no tengo limitantes, ahora puedo darles lo que ellos quieran. Hasta mis nietos tienen una su cuenta en el banco que podrán disponer cuando sean mayores de edad y que ellos sepan que es la herencia que su abuela les dejó. Así me recordarán siempre y sabrán que los tengo en mi corazón.

Aparte de las metas que me he fijado, (porque tenemos que seguir colocándonos metas para seguir adelante). Mi meta nueva es que a final de este año construiré una casa de 5 habitaciones grandísima para que todos mis nietos tengan espacio para jugar y correr y divertirse.

Otra cosa bonita que he obtenido con todo esto es salir a pasear sabiendo que el dinero ahora ya no es un limitante. Ahora me he convertido en una reina para mi familia. Cada vez que salimos a pasear, me cuidan y están pendientes de que esté bien, pero todo esto Gracias a Dios…

RECOMENDACIONES

- Traten siempre de trabajar y salir adelante solos. Eviten las sociedades porque siempre saldrán problemas. Yo no lo recomiendo. Demuéstrense a ustedes mismos que pueden, así como yo lo logré.
- Traten siempre de salir a pasear en familia, aunque sea una vez al año.
- Nunca digan que no pueden hacer nada, porque todos podemos hacer cosas. Siempre decir ¡si puedo!
- A los jóvenes les digo que solo tienen dos opciones en la vida, superarse o destruirse. Y yo espero que escojan la de superarse.
- La base principal de todo es andar de las manos del señor, nunca se descarríen del camino del señor. porque él siempre estará allí para ayudarlos. Lo único que necesitan es pedirle a Dios y él les dará.
- A las madres les digo, nunca se despeguen de sus hijos. Estén pendientes de los cambios que tienen sus hijos y traten de dedicarles su tiempo.
- A las mujeres inmigrantes que se sienten solas les digo que vayan a la iglesia y le pidan a Dios tener siempre pensamientos de superación y traten siempre de salir adelante.
- A todas las personas negativas les pido que no paren a nadie con sus ideas. Dejen que la gente luche por sus sueños, no sean una piedra de tropiezo para los demás. Y si no está de acuerdo solo apóyela, aunque no esté de acuerdo lo mejor es intentarlo a no hacer nada.

- A todas las mujeres que se sienten atadas por un hombre y que las ofenden y las insultan, les dicen que no sirven para nada, yo les digo, déjenlo y sigan su vida solas porque ustedes si pueden salir adelante sin necesidad de un hombre. Yo lo hice y sé que si se puede y ahora véanme donde estoy, así que solas lo pueden hacer mejor que con ellos, solo sean "VALIENTES Y DECIDIDAS A SALIR ADELANTE".

- Desátense de ese freno que no las deja superarse y las tiene hundías en un hoyo. Si yo pudiera cambiar algo en mi vida, sería nunca haberme metido con mi primer marido que me humillo tanto, por eso hoy les aconsejo a todas las solteras, fíjense antes con quien se meten, antes cometer un gran error.

- A las personas que no saben leer ni escribir, les digo eso no es un impedimento para salir adelante, así que si se puede luchar por los sueños de cada quién.

- A las personas que empiezan un negocio les digo, nunca dejen de luchar, porque abrir un negocio no es fácil y ténganlo siempre presente. Pero si de verdad quieren que funcione, luchen hasta encontrar el éxito y no se den por vencidos. Inviértanle tiempo completo porque "El éxito de un negocio está en la persistencia".

- A todos los dueños de negocio, les digo, que el cliente siempre tiene que ser número uno, así que la clave principal es la atención. Si ustedes no cuidan al cliente, ya no regresa. También deben estar pendiente de lo que pasa en su negocio y con sus empleados.

AGRADECIMIENTOS

- A Dios principalmente, por todas las fuerzas que me dio, por su ayuda cuando lo necesité y la oportunidad que me dio de tener lo que ahora tengo y mi familia.
- A mi madre en especial por ser un buen ejemplo en cómo ser una buena persona con los demás, ser agradecido, servicial, honesta, por su amor, sus consejos y correcciones. (Q.E.P.D.).
- A mis hijos que nunca me dejaron sola y me apoyaron, y decidieron cambiar su vida para estar siempre a mi lado, los quiero mucho mis hijos.
- A mi padre quien trabajó muy duro para llevarnos sustento y criarnos, y por su paciencia conmigo. (Q.E.P.D.)
- A la amiga que sacrificó su persona por ayudarme a obtener una licencia en este país.
- A la señora que me ofreció mi primer empleo y abrió las puertas de su casa y sus brazos cuando necesite su apoyo y su sincera amistad.
- A todos los clientes y amigos que hicieron de "Las Cabañas", su restaurante, por ustedes hoy en día aún sigue creciendo y existe.
- A todos mis empleados que le han echado ganas por sacar a mi restaurante adelante yo quiero decirles que ustedes son mi familia también.

ÁNGELA LEIVA

COMPARTE TUS PENSAMIENTOS, PLANES, Ó CONCLUSIONES HACERCA DE MI HISTORIA. EN LAS SIGUIENTES PÁGINAS TE INVITO A TRAZAR TU PROPÍO PLAN DE ÉXITO PERSONAL Y PROFESIONAL.

_____
_____
_____
_____
_____
_____
_____
_____
_____
_____
_____
_____
_____
_____
_____
_____
_____
_____
_____